CONFÉRENCE

DES AVOCATS DE MARSEILLE

ALLOCUTION

PRONONCÉE LE 16 DÉCEMBRE 1886

A la Séance de Rentrée

DE LA

CONFÉRENCE DES AVOCATS
DE MARSEILLE

PAR

Me Ludovic LEGRÉ
Bâtonnier de l'Ordre

Imprimée en vertu d'une délibération du Conseil de l'Ordre du 6 janvier 1887

MARSEILLE
TYPOGRAPHIE ET LITHOGRAPHIE BARLATIER-FEISSAT
Rue Venture, 19

1887

Mes chers confrères,

Depuis que le Conseil de l'Ordre a pris sous son patronage la Conférence des jeunes avocats, fondée il y a déjà bien longtemps par un confrère éminent à qui le jeune barreau ne cesse d'en témoigner la plus délicate reconnaissance, la série des discours de rentrée, dont le Conseil a presque toujours voté l'impression, forme, autant par la variété des sujets que par la conscience avec laquelle ils sont traités, une intéressante collection que chaque année vient enrichir.

Parmi les orateurs appelés par les suffrages de leurs pairs à l'honneur d'inaugurer la reprise des travaux de la Conférence, les uns ont dirigé leurs investigations vers le passé, et se sont efforcés de remettre en lumière des institutions ou des hommes dont nous avions le droit d'être fiers. C'est ainsi que, l'an dernier, nous prenions un si grand plaisir à écouter ces récits, extraits de nos annales mêmes, qui nous rappelaient avec quelle vaillance, sous l'ancien régime, nos aïeux du barreau de Marseille défendirent les droits qu'ils tenaient alors des institutions municipales.

D'autres orateurs, — et celui que vous venez d'applaudir est de ce nombre, — préfèrent l'avenir au passé. Ils aiment mieux porter leurs regards en avant, étudier les transformations qui naissent de la marche du temps, et envisager les conséquences légales ou juridiques que doit engendrer la découverte de circonstances nouvelles dans l'état social.

Nous ne pouvions manquer d'être vivement intéressés par l'exposé, je dirais volontiers la révélation de cet ensemble de phénomènes pour lequel on a créé l'expression nouvelle d'*hypnotisme,* phénomènes étranges, qui ont longtemps effrayé la raison humaine, que la science moderne se glorifie d'expliquer, et qui, néanmoins, semblent demeurer tout aussi mystérieux.

Cet exposé nous a été fait sous une forme agréable et piquante, et le premier compliment que nous devons adresser à l'auteur de cette substantielle étude, c'est d'avoir, en nous parlant si souvent du sommeil, tenu notre attention si bien éveillée.

Au point de vue juridique, il convient de louer sans réserve la maturité de ses observations et en particulier la sagesse des conclusions qui résument son travail. Il a pensé, avec grande raison, que la production de ces phénomènes biologiques ne devait pas provoquer l'intervention du législateur ; qu'une loi spéciale n'était pas nécessaire et qu'il y avait dans l'arsenal de notre législation actuelle des armes pour se défendre contre tous les abus. La trop grande abondance de lois est, en effet, un vice qui a toujours frappé les esprits sérieux, et il aurait pu nous rappeler qu'en un temps où il y avait cependant moins de gens préposés à leur confection, notre vieux Montaigne disait : « Nous avons en France plus de loix que tout le reste du monde ensemble et plus qu'il n'en faudroit à reigler tous les mondes d'Epicurus. »

Notre jeune orateur, se conformant au pieux usage suivi par ses devanciers, a mentionné le nom et prononcé l'éloge des confrères que la mort nous a ravis pendant l'année qui vient de s'écouler.

La mort a multiplié ses coups, et, toujours aveugle, elle a frappé sans distinction dans tous les rangs de notre Ordre.

En nous enlevant un de nos vénérés doyens, Me Onfroy, elle nous a infligé un deuil d'autant plus douloureux à supporter, qu'il ne nous avait pas été permis d'exhaler nos regrets.

Me Onfroy a voulu pratiquer encore, au-delà du tombeau, cette rare modestie qui fut une de ses vertus.

Par une disposition testamentaire impérative, il a refusé l'hommage traditionnellement rendu au confrère que la mort vient rayer de notre tableau. Il nous a ainsi enlevé la consolation de formuler publiquement un éloge qui, s'échappant de tous les cœurs, venait sur toutes les lèvres ; et nous avons dû, pour lui obéir, refouler aussi l'expression de notre reconnaissance, à raison du legs par lequel il a voulu donner un témoignage posthume de son attachement à notre Ordre.

Vous savez, en effet, mes chers confrères, qu'il nous a légué, pour être placée dans la salle des réunions du Conseil, une statue de bronze, hommage d'une grande Compagnie qu'il avait eue pour cliente ; et en même temps, il a prescrit qu'un capital de trois mille francs nous serait remis, « pour commencer, — ce sont les termes mêmes du testament, — un fonds de secours confraternels à la disposition du Conseil, applicables à des membres de l'Ordre dignes de son intérêt ou à leur famille. »

Si, en présence d'une volonté formelle, nous avons dû, lors des obsèques, garder un silence qui nous a bien coûté, aujourd'hui, dans cette enceinte où ne sont réunis que des confrères, nous reprenons le droit de vous parler de lui.

Nous pouvons dire de Jules Onfroy qu'il nous avait donné sa vie entière : il a passé parmi nous près de soixante années.

C'est le 20 novembre 1828 qu'il avait prêté le serment d'avocat. Et lorsqu'un demi-siècle se fut écoulé, le jour même qui amenait le cinquantième anniversaire de son admission, nous nous assemblions autour de lui, en un joyeux festin, pour célébrer ces *noces d'or* du barreau. Aux avocats accourus en grand nombre s'étaient joints les chefs de notre magistrature locale, heureux de prendre part à cette fête judiciaire, d'en accroître l'éclat, et de consacrer une fois de plus l'harmonie, si nécessaire au bien de tous, qui doit régner entre les divers serviteurs de la justice.

Il y eut comme une explosion de gaieté, d'entrain, de belle humeur, de cordiale expansion. Pour mieux honorer le héros de la fête, l'aimable Poésie vint en aide à sa grande sœur l'Eloquence; et l'on vit, dans les deux genres, la magistrature faire assaut avec le barreau.

Cette mémorable journée, si douce pour tous, avait montré quelles profondes sympathies Me Onfroy inspirait autour de lui.

C'était, en effet, une nature sympathique entre toutes.

Bien que ses yeux d'un bleu si clair parussent démentir cette origine, on trouvait en lui toutes les qualités d'un vrai fils de la Provence. Dès qu'on l'approchait on était séduit par une franchise qui éclatait dans toute son allure, par une vivacité pleine de charme, par un langage qui décelait une imagination brillante, un cœur ouvert aux grandes inspirations, aux impressions généreuses. N'oublions pas avec tout cela cette exquise modestie, que les gens du Nord eussent refusé de considérer comme une vertu provençale.

Nous ne devons donc pas nous étonner que notre aimable confrère parlât volontiers la langue de la Provence. On disait même qu'il avait collaboré avec Bénédit à ce curieux poème qui est demeuré comme une peinture énergique mais fidèle de certaines mœurs populaires de notre pays. Il s'en défendait, il est vrai. Il convenait seulement qu'il avait donné à l'auteur des indications pour l'aider à raconter les démêlés de son héros avec la police correctionnelle. Mais il récitait avec tant de verve des fragments du poème, qu'on pouvait se demander si ce n'était point par modestie pure qu'il n'avouait pas sa collaboration.

Vous ne serez pas davantage surpris du goût très vif qu'il manifesta pour cette mer qui bat de ses flots harmonieux les sinuosités si pittoresques de notre golfe. Pendant de longues années il eut un bateau et, quand le dimanche venait, il mettait à la voile. Heureux, sous l'humble costume du patron pêcheur, d'oublier pour un jour la toge, il dirigeait lui-même la manœuvre avec des matelots qu'il avait recrutés au Palais. Et parmi nos anciens bâtonniers, j'en sais plus d'un qui se glorifie encore d'avoir fait partie de l'équipage du *Pataclet*.

Mais tous ces délassements ne le détournaient pas du travail, auquel il s'adonna toujours avec une extrême ardeur. Les dons naturels, une intelligence supérieure, une remarquable facilité, avaient été chez lui merveilleusement fécondés par une application en quelque sorte infatigable; et c'est par là qu'il s'était, dans notre carrière, si promptement élevé au premier rang.

A la barre, on aurait dit qu'il s'attachait à réaliser cet idéal de l'orateur, tel que le concevait La Bruyère : « La principale partie de l'orateur, avait dit le grand moraliste, c'est la probité : sans elle il dégénère en déclamateur, il déguise ou exagère les faits, il cite faux, il calomnie, il épouse la passion et les besoins de ceux pour qui il parle. » Ne semble-t-il pas que cette probité oratoire, vertu cardinale de l'avocat, est celle même qui ait le mieux caractérisé la personnalité de Me Onfroy ?

Il était naturel que ses brillantes facultés lui fissent trouver un peu étroit le cadre des occupations professionnelles et qu'il tînt à les déployer dans un champ plus vaste, en les mettant au service des affaires publiques.

Il avait déjà fait partie du Conseil municipal lorsque, en 1861, il fut appelé aux fonctions de maire de Marseille.

Le souvenir des hommes qui l'avaient précédemment occupé donnait alors à ce poste un prestige dont Onfroy ne voulait pas laisser entre ses mains s'amoindrir l'éclat.

Avant d'entrer en fonctions, il remit le soin de sa clientèle à un jeune avocat de grand mérite, qu'il s'était attaché comme secrétaire, et lui déclara qu'ayant résolu de se consacrer tout entier à ses nouveaux devoirs, il comptait ne plus paraître à son cabinet tant qu'il demeurerait à la tête de l'administration municipale.

Puis, trouvant insuffisant pour sa nouvelle situation le modeste appartement auquel, après y avoir passé la plus grande partie de son existence, il est resté fidèle jusqu'au dernier jour, il alla s'installer dans une grande maison qu'il orna somptueusement, pour y mener désormais un train de vie digne de la grande cité dont il était devenu le premier magistrat.

A l'Hôtel-de-Ville il exerça le pouvoir avec une dignité cordiale, et il appliqua aux affaires toute son activité intellectuelle. C'était pour Marseille l'ère des embellissements. Il donna la plus vive impulsion à de grands travaux depuis longtemps à l'étude. Contentons-nous de rappeler que ce fut lui qui eut la gloire d'entreprendre la construction du palais de Longchamp. Il choisit l'architecte, fit adopter le plan définitif et mit la première main à cette œuvre grandiose, qui fait maintenant l'orgueil de notre ville.

Mais il y a dans l'histoire de son trop court passage à la Mairie cette particularité remarquable : que c'est par sa retraite qu'il l'a le plus illustré.

Il devait montrer en cette circonstance qu'à une intelligence d'élite il joignait aussi le caractère, qui, seul, fait les hommes.

Le pouvoir central était alors représenté par un administrateur enclin à exagérer peut-être le système gouvernemental de ce temps-là. Il entendait faire prévaloir partout une autorité qui n'admettait aucune résistance, ne reculait, au besoin, devant aucun empiètement. Mais il trouva en la personne d'Onfroy un maire jaloux de faire respecter tout ce que les lois concédaient encore à l'autonomie communale, et bien décidé à ne rien abandonner de ses droits.

Et tous ceux qui applaudirent alors notre confrère, se rappelleront toujours avec quelle fierté il combattit pour défendre ses prérogatives, avec quelle noblesse il résigna son titre et sortit de l'Hôtel-de-Ville, quand il jugea que la lutte n'était plus possible.

Cet acte d'indépendance, se produisant en un temps où l'indépendance semblait n'être plus qu'un souvenir, secoua et fit vibrer toutes les âmes où palpitaient encore des aspirations libérales. Il fut, d'ailleurs, accompli sans ostentation, avec une simplicité qui en accentua la grandeur. Onfroy ferma sa demeure d'apparat, vendit le mobilier, revint occuper de nouveau son modeste logis et, dès le lendemain, il reparaissait à la barre.

Quelques années plus tard, on lui demandait d'apporter à l'administration des hospices le concours de son dévouement.

Il n'était pas possible de supposer qu'il fût, en y entrant, déterminé par une pensée d'ambition. Il avait été bâtonnier de l'Ordre des avocats, maire de Marseille, il était chevalier de la Légion d'honneur. Il avait obtenu tous les honneurs auxquels peut prétendre un avocat qui s'est promis de demeurer fidèle à sa profession. Ce n'était donc pas la recherche d'une distinction nouvelle qui pouvait le décider à accepter les fonctions d'administrateur des hospices.

Il cédait uniquement à l'impulsion de son cœur, au besoin qu'il avait de se dévouer et, à dater de ce jour, l'hôpital devenait la grande passion de sa vie.

Il ne voulut pas se contenter de mettre au service de cette importante administration ses vues élevées, sa grande expérience des affaires, une sollicitude qui ne se lassait pas. Il tourna vers la charité toute l'ingéniosité de son esprit; mais sa modestie, ingénieuse aussi, le portait à dissimuler avec un soin jaloux le bien qu'il accomplissait. Et les traits que nous allons vous raconter, choisis entre cent, seraient restés inconnus, s'ils ne nous avaient été révélés par un de nos anciens bâtonniers, qui a donné aux pauvres malades le même dévouement qu'Onfroy, qui a siégé à côté de lui dans la commission administrative, qui a été par conséquent le témoin, et j'ajouterais le complice de sa charité, si je ne craignais de blesser une modestie toute pareille.

Onfroy ne laissait pas s'écouler une seule journée sans aller visiter un de nos hôpitaux. Là il parcourait chaque salle, il s'approchait de chaque lit, il parlait aux malades, il s'efforçait de les consoler, de les réconforter, d'apporter à leurs souffrances tous les adoucissements compatibles avec les ressources de la maison.

Un jour il s'aperçoit que les malades, quand ils sortent de leur lit, posent leurs pieds nus sur le parquet. Douloureusement impressionné par cette découverte, il veut que désormais à chacun d'eux on fournisse un petit tapis. Mais, si simple que doive être cette installation, le nombre des lits est bien grand, et il n'y a pas de fonds pour une telle dépense. Onfroy n'en donne pas moins à l'économe l'ordre de faire préparer l'amélioration dont il a eu l'idée. « La Providence y pourvoira, » dit-il. Et à la première séance que tient la Commission, il apporte la somme nécessaire. C'est un de ses clients auquel il en a fait la demande, qui la lui a remise pour cet objet. Mais cet homme généreux lui a fait promettre qu'il ne divulguerait pas son nom.

Une autre fois, aux approches de la Noël, Onfroy apprend que les pauvres convalescents sont menacés d'une privation. Un vieil usage, auquel notre Provence tient beaucoup, veut qu'au dîner du jour de Noël, même sur la table du plus humble, une dinde rôtie apparaisse. A l'hôpital on accorde aux malades qui ont cessé d'être à la diète le bénéfice de cet usage et ces pauvres déshérités prennent ainsi part à la fête. Mais cette année-là les rigueurs d'un budget impitoyable exigent la suppression du régal traditionnel. Notre charitable confrère, informé de la mesure, arrive en toute hâte. Il fallait, pour rétablir le crédit, une somme de cinq cents francs, la voici. Il la tient, dit-il, d'une vieille dame, très pieuse, qui lui confie de temps en temps le soin de ses aumônes, mais qui ne veut pas être connue.

Quelquefois la dépense à laquelle il pourvoit ainsi est encore plus importante. A l'Hôtel-Dieu il n'existait pas, pour les femmes entrées en convalescence, de cour extérieure leur permettant de faire un peu d'exercice et de respirer en plein air. La Commission administrative fait établir pour elles un promenoir sur les terrains situés derrière le bâtiment principal. Mais cet endroit est exposé aux vents du nord, et l'on constate bien vite que certains jours les convalescentes ne peuvent pas y aller sans danger. Onfroy propose à la Commission de compléter son œuvre en faisant construire un pavillon dans lequel, quand la bise sera venue, les promeneuses trouveront un abri. L'architecte est appelé. Il déclare que cette construction coûtera plusieurs milliers de francs, et la Commission ne les a pas. Onfroy les fournit, au nom de sa vieille amie, et le pavillon est construit. Mais ses collègues savent bien à quel sexe appartient le véritable auteur de cette libéralité, et à son insu ils font placer dans un angle obscur de l'édicule, où ses regards ne l'ont jamais découverte, une plaque de marbre portant ses initiales J. O. Nous sommes heureux de livrer aux archéologues de l'avenir le secret de cette énigme épigraphique.

Lorsque, en 1885, le choléra fit dans notre pays une nouvelle et terrible invasion, Onfroy, qui n'était plus alors qu'administrateur honoraire, prit part cependant à l'installation de l'hôpital provisoire du Pharo et, bien que ses forces eussent considérablement décliné, pas une seule journée ne passa sans qu'il vînt y faire aux cholériques une longue visite. Il considérait et traitait chaque malade comme un ami personnel. Il épiait anxieusement les progrès ou la décroissance du mal et, lorsqu'il retournait en ville, il racontait à tout venant l'histoire de chacun de ses protégés, se réjouissait des victoires remportées sur le fléau, se lamentait des pertes éprouvées, développait longuement devant son auditeur le plan des améliorations que son esprit toujours fertile méditait, et avec quel enthousiasme il célébrait l'admirable dévouement de ces sœurs de charité que voudrait proscrire aujourd'hui une haine plus inepte encore qu'elle n'est criminelle !

Je me suis, mes chers confrères, étendu un peu trop complaisamment peut-être sur des détails qui semblaient étrangers à la carrière professionnelle de Me Onfroy. Mais, outre qu'il fallait bien vous faire apprécier son grand cœur, je savais qu'en vous disant comment il entendait les devoirs dont son zèle seul lui donnait la charge, je vous montrerais en même temps avec quelle fidélité il s'attachait à ceux que lui imposait sa situation au barreau.

Nul avocat n'éprouva jamais à un degré plus vif que Me Onfroy cet amour de notre profession qui est, chez nous, la vertu génératrice de toutes les autres ; et toutes ses obligations professionnelles, il les a, jusqu'à la fin, exactement remplies.

Vers les dernières années de sa vie il s'était, il est vrai, éloigné de la barre, où il avait la satisfaction de se voir suppléer par un successeur digne de lui. Mais tant qu'il a pu s'y transporter, il a continué de venir siéger dans son cabinet, y prêtant à ses clients le secours de sa vieille expérience, aimant en particulier à mettre à leur service une plume toujours alerte.

Et dans les derniers temps, lorsqu'il était déjà bien affaibli par l'âge et la maladie, nous l'avions vu recouvrer en quelque sorte la vivacité, l'ardeur même de ses jeunes années, toutes les fois qu'il avait à s'occuper d'une question relative aux intérêts de notre Ordre.

Ne croyez pas, mes chers confrères, qu'en vous parlant ainsi, je me serve d'une vaine formule. Alors qu'il n'était plus séparé du jour suprême que par un bien court intervalle, Me Onfroy nous a donné de son invincible dévouement une marque éclatante dont nos cœurs reconnaissants garderont à jamais le souvenir.

Le 17 mars de cette année, le Conseil de l'Ordre, dont il faisait partie, tenait séance dans le lieu ordinaire de ses délibérations, et l'objet de cette réunion était d'un grand intérêt.

Le conflit qui, depuis bientôt deux ans, avait obligé le barreau à s'éloigner de l'audience du Conseil de préfecture, venait, à la suite de la récente décision du Conseil d'Etat, d'être honorablement terminé, et le bâtonnier avait convoqué le Conseil de l'Ordre pour lui rendre compte de ses démarches et lui faire part de l'heureuse pacification obtenue.

On savait que la santé de Me Onfroy était gravement atteinte, que son état ne laissait plus d'espoir, et que dans quelques semaines, dans quelques jours peut-être, arriverait le terme fatal. Aussi, personne ne s'étonnait que son fauteil demeurât vide, et la séance avait commencé.

Le bâtonnier avait pris la parole et le Conseil écoutait son exposé. Tout à coup la porte s'ouvre et dans l'encadrement apparaît Me Onfroy. Il entre d'un pas chancelant. Il avait dû, pour gravir les degrés du Palais, invoquer le secours d'un bras ami, qui l'avait porté plutôt que soutenu. Profonde était l'altération de son visage, sur lequel il semblait que la mort déjà projetait son ombre. D'une voix affaiblie il déclara qu'il avait tenu à faire un suprême effort pour se joindre au Conseil dans une conjoncture où nos intérêts les plus chers venaient de recevoir une solennelle consécration.

Le Conseil tout entier s'était levé pour aller au devant de lui ; et lorsque, la séance étant reprise, votre bâtonnier eut terminé son récit, ce fut sur l'initiative du vénéré Mᵉ Onfroy, que le Conseil de l'Ordre consigna dans un vote des félicitations qn'un avocat considèrera toujours comme le plus précieux honneur qui pût lui être accordé.

Je m'aperçois que je me suis attardé en vous parlant si longtemps du confrère éminent à la mémoire duquel nous avions à payer un large tribut de reconnaissance. Lorsque, pour la première fois de l'année, le bâtonnier voit réunis autour de lui ses jeunes confrères du stage, il leur doit des conseils et des encouragements : des conseils, pour les guider dans la voie qu'ils auront à suivre ; des encouragements aptes à leur faire aimer par avance la carrière où ils vont s'engager. Mais ce devoir de ma charge, ne l'ai-je pas rempli en mettant sous vos yeux l'exemple que nous a laissé Mᵉ Onfroy ? J'ai par là même à la théorie substitué la pratique, et au lieu d'exhortations toujours un peu froides et stériles, ne valait-il pas mieux, pour vous attacher plus fortement à notre chère profession, dérouler devant vous, comme je viens de le faire, une vie consacrée tout entière au culte de la probité, de la droiture, du dévouement, et vous montrer à quel degré de considération et d'honneur est parvenu celui qui n'a jamais transgressé aucune de ces vertus ?

Cet ardent amour qu'il faut toujours éprouver pour votre caractère et vos prérogatives d'avocat, le meilleur moyen d'en attiser la flamme, c'est de vous enseigner combien vous devez être fiers d'appartenir à notre Ordre. C'est un devoir pour vos anciens, toutes les fois qu'ils en trouvent l'occasion, d'exalter dans vos jeunes cœurs cette juste et salutaire fierté. Et je viens de rencontrer moi-même une occasion telle, quand j'ai dû, en prononçant l'éloge de Me Onfroy, faire allusion à notre récent conflit avec la juridiction administrative. Il sera bien permis à votre bâtonnier d'oublier le rôle que sa modeste personnalité a eu dans cet événement, et maintenant que toutes les susceptibilités étant heureusement apaisées, l'affaire n'appartient plus qu'à l'histoire, d'en dégager les fortifiants encouragements que nos fonctions nous prescrivent de vous donner.

Quoi de plus propre, mes chers confrères, à développer en vous cet orgueil professionnel si légitime, que le spectacle donné en cette circonstance par l'Ordre des avocats ?

Quand un de ses membres, si humble fût-il, s'est trouvé sous le coup d'une décision dont les conséquences étaient menaçantes pour tous, puisque ce grand principe d'utilité sociale, la liberté de la défense, y était méconnu, l'Ordre a pris en main ses intérêts, a proclamé que sa cause serait la sienne et qu'il était résolu à n'épargner aucun effort, à ne reculer devant aucun sacrifice pour faire triompher la plus essentielle des revendications.

Et comment ne pas s'enorgueillir du concours de ces quatre-vingt-trois barreaux nous apportant leur appui au nom de cette noble solidarité qui unit tous les avocats de France, approuvant notre conduite, encourageant nos résistances, applaudissant à nos déterminations ?

Comment ne pas être fiers d'avoir vu l'un des grands corps de l'Etat, régulateur suprême de l'administration française, nous rendre justice avec un appareil si imposant et consacrer, dans sa décision souveraine, l'intégrité de nos privilèges, témoignant de tout l'intérêt porté à cette cause par le développement inusité qu'il accordait à notre défense, par la faveur avec laquelle il écoutait le commissaire du gouvernement, dont les éloquentes conclusions contenaient une si magistrale apologie de nos immunités ?

Puisque j'ai été conduit, mes chers confrères, à

rappeler ce grand débat, je me félicite de trouver là l'occasion, si douce à des cœurs reconnaissants, de remercier publiquement tous ceux qui ont participé à notre victoire.

Et, malgré toute l'amitié qui nous unit, celui que je dois nommer le premier n'est-il pas le dévoué rapporteur auquel le Conseil de l'Ordre confia, dès l'abord, le soin de l'éclairer sur l'affaire ? Pourrons-nous jamais oublier avec quel zèle il se mit au travail, sans se laisser amollir par les ardeurs d'un été brûlant, ni émouvoir par le progrès de l'épidémie qui affligeait alors notre ville ; avec quelle habileté il porta la lumière dans des questions enveloppées jusque-là de ténèbres épaisses ; avec quelle irréfragable autorité il exposa notre droit ?

L'hommage de notre gratitude est dû ensuite à tous les barreaux qui nous ont soutenu de leurs adhésions et dont le faisceau de consultations formera désormais, pour l'ensemble des règles protectrices de la liberté de la défense, un véritable *corpus juris ;* à nos confrères du barreau d'Aix, qui nous ont assisté devant la Cour d'appel où leur bâtonnier prononça en notre faveur une si chaleureuse plaidoirie ; au barreau du Conseil d'Etat, venant, avant même que nous l'eussions demandée, nous offrir une généreuse assistance, et nous donnant, pour nous défendre devant la Cour de Cassation et le Conseil d'Etat, en même temps que son chef éminent, celui de ses membres dont une éclatante renommée a récompensé le magnifique talent.

Enfin, mes chers confrères, ne penseriez-vous pas que nous serions ingrats si nous ne faisions pas remonter la respectueuse expression de notre reconnaissance jusqu'aux deux ministres de la justice et de l'intérieur qui, se souvenant sans doute qu'ils appartenaient l'un et l'autre au barreau, firent à votre bâtonnier un accueil si flatteur et, par leur haute et bienveillante intervention, une fois terminée la lutte judiciaire, aidèrent au rétablissement d'une paix cordiale ?

Et maintenant de cette mémorable affaire il nous reste à tirer un dernier et capital enseignement.

Vous le savez, mes chers confrères, la constitution du barreau est en ce moment même menacée par une proposition de loi dont, il y a quelques jours à peine, à la séance de rentrée de la Conférence, l'éminent bâtonnier de Paris démontrait toute l'iniquité.

Et par le plus étrange de tous les abus de langage,

c'est au nom même de ce qu'on prétend nommer la liberté de la défense, que notre existence est mise en question.

Eh bien, mes chers confrères, sachez-le : lorsque nous n'existerons plus, la liberté de la défense aura vécu et ne sera plus qu'un vain mot.

La démonstration de cette vérité ressort avec la plus saisissante évidence de l'histoire de notre conflit.

Il faut assurément que tout juge soit armé du droit de réprimer à l'instant, et de quelque part qu'elles viennent, les offenses, les atteintes graves portées à sa dignité.

Mais si légitime que soit ce droit, il est exorbitant et il importe que le juge ne puisse pas céder à des entraînements passionnés et faire de son pouvoir un usage oppressif.

Actuellement c'est l'organisation même du barreau qui forme la meilleure des sauvegardes contre la possibilité d'un pareil abus.

Si un avocat venait à être injustement, illégalement frappé, il arriverait encore ce que nous avons vu se produire ici. L'Ordre entier se lèverait, prendrait fait et cause pour lui et, s'il en était besoin de nouveau, appellerait encore à son aide tous les autres barreaux de France.

Mais, lorsque l'Ordre des avocats aura été supprimé, par quoi sera remplacée cette précieuse garantie collective des droits individuels ?

Il est à remarquer que si le barreau cessait d'exister, avec lui disparaîtraient ces peines disciplinaires qui avaient été établies pour permettre au juge de se faire respecter par les avocats et qui constituaient contre leurs écarts un frein si redouté.

A ceux qui seraient coupables ou suspectés de l'avoir offensé, le juge n'aurait plus à infliger que l'amende ou la prison.

Et que deviendrait dès lors cette liberté si nécessaire à la défense, quand l'obscur défenseur, dépouillé de son caractère et de ses immunités d'avocat, serait arbitrairement menacé d'injustes rigueurs de la part d'un magistrat irascible ? Comment oserait-il s'exprimer quand il verrait constamment suspendue sur sa tête une condamnation à l'amende ou à l'emprisonnement, et n'aurait pas d'autre préoccupation que d'y échapper ?

Tel était le péril qui naissait, pour les avocats, du droit de punir que s'était arrogé le Conseil de préfecture ; et c'est là ce qui a déterminé parmi tous les barreaux ce magnifique mouvement d'opinion, couronné par la décision si libérale du Conseil d'Etat.

Le barreau de Marseille aura eu l'honneur de fournir ainsi, pour le maintien de l'Ordre des avocats, la plus puissante des raisons, en montrant que c'est notre constitution seule qui peut concilier ces deux grands intérêts : le respect, indispensable à la justice ; la liberté, indispensable à la défense.

www.ingramcontent.com/pod-product-compliance
Ingram Content Group UK Ltd.
Pitfield, Milton Keynes, MK11 3LW, UK
UKHW020226180726
13838UKWH00005B/2216

9 782329 411248